그대와 함께

가림(佳林) 남 경 숙 시집

두손푸름시인선 49

그대와 함께

가림(佳林) 남 경 숙 시집

도서출판 두손컴

| 서문

지금 이대로가 좋아서 시를 쓰게 되었습니다. 생각해보면 여태껏 참 열심히 살아온 것 같습니다. 나 자신보다는 가족을 위해 살았고 가진 능력은 집안 살림에 다 집중하였기 때문입니다. 지금, 나는 이대로의 나를 사랑합니다. 바쁘지도 무료하지도 않고 발 닿는 곳마다 시를 접할 수 있고 시와 더불어 진정한 행복을 느끼게 된 것입니다.

아이들을 타국이나 타향으로 유학 보내고 허전함을 달래기 위해서 더욱 시를 가까이하게 되었습니다. 특히 고운 시를 쓰고 싶었습니다. 그러나 열정뿐 왜 이리 글쓰기가 힘이 드는지 밤을 새워 가며 백지 종이를 메우는 연습을 계속하였고 끝없는 욕망은 멈출 줄 몰랐습니다. 그렇기에 지금은 후회 없이 행복합니다.

등단의 설렘을 거쳐 훌륭한 문학인들과의 교류며, 원고 청탁을 해오는 것에 얼마나 기쁨이 더한지 이루 말할 수가 없습니다. 곰곰이 생각하고, 아무리 생각해도 나의 삶의 휴식처는 너무나 멋진 시의 세계, 나에게는 소위 화양연화花樣年華 입니다.

이 작은 내 마음을 순수하게 책으로 내놓게 됨에 있어서, 특히 오늘이 있기까지 끊임없이 이끌어 주시고 격려해주신 부산대학교 최원철 명예교수님께 감사드리고 싶습니다. 또한, 나를 곁에서 도와준 내 사랑하는 남편과 아이들께 고마운 마음을 나누며, 오래도록 동고동락해 오던 문우님들과 함께 이 행복을 나누고 싶습니다.

광안대교를 바라보며 나의 거실에서,

2012년 10월 1일

가림(佳林) **남 경 숙**

| 차례 |

Chapter 1. 나의 정원에서

Chapter 2. 꽃은 피는데

Chapter 3. 삶의 여백

Chapter 4. 산을 넘고 강을 건너

Chapter 5. 무아無我의 동경憧憬

작품해설

| 서시

그대와 함께

혼자 고이 오랬더니
왜 꽃샘바람 데리고 오시나요?

얼마나 기다렸는지
그대 따스한 가슴만을

살며시 안기려 했더니
왜 봄비를 데리고 오셨나요?

비에 젖은 온몸에
삶의 환희 싹틀 수 있게

푸른 하늘만큼 팔을 벌려
나를 포옹해 주세요.

이제, 가슴 벅찬 사랑을 해요
또다시 봄이 올 때까지……

나의 정원에서

Chapter 1.
나의 정원에서

꽃바구니

우리는
바구니의 꽃이 되어
옹기종기 모였습니다.

마음으로 차린 음식
기쁨으로 나누며
밤새껏 고운 눈길을 서로 주고받았습니다.

이른 아침 눈 떴을 때
듬뿍 받은 사랑이 무거워
쑥스러움에 고개 숙인 들국화가 됩니다.

어느새 흘러버린 세월로
꽃바구니 속에
나의 얼굴이 담겨있습니다.

풋사랑

그리움만 남겨둔 채
난蘭꽃 핀 화분이 울고 있다

물을 주어도
따뜻한 눈길 보내도
어제의 힘찬 모습은
보이지 않는다
가고 없는 내 아이의 사랑이
가슴 아프다

설렘, 두근거림
다 남겨두고
울면서 떠난 애처로운 모습이
눈물짓게 한다

가고 오는 것이 삶이라지만
헤어짐은
너무 아프다

빈 소주병

고기와 회가 함께 차려진
너,
말할 수 없는 정겨움인데

세상사 이야기
자식 이야기
안주는 다 어디 가고

탁자 위 홀로 앉은
너
초라하다 못해 무지하게 보인다.

지치고 초라해진
내 모습을 네가 보는 것 같아
너를 데리고 밖으로 나간다.

예쁜 강아지

예쁜 눈을 가진 로미
하이디의 위대한 교감은
아닐지라도
많은 대화 나누고 싶다

따뜻함을 전하고
아파도 하고
눈물 흘릴 수도 있는 예쁜이
하지만, 웃을 수 없는 로미의 세상은
어떤 색깔일까
기억 저편 끄집어내려
웅크리고 잠만 자는 걸까?

깊은 생각 없이 맺은 인연
윤회의 리듬인가?

생의 마지막 날까지 함께 가야만 할
사랑하는 로미

기차를 타고

문득문득 떠오르는 사람
애타게 보고픈 사람

기차가 멈추는 정거장에서
추억의 한 편린片鱗을 주워본다

빠른 KTX조차 그리움을 쫓아가지 못하고
더디기만 하다

생각의 끝에 매달린 그리움은
세월 따라 달라져도

뭉게구름으로 갈아탄
가슴 아림은 바람 따라 흐른다.

불면의 밤

구름에 가리었다 비추었다 하는
달빛에 젖은 상념
긴 밤을 그리움으로 지샌다

강렬하지도
찬란하지도 않는
달빛

혼자가 아니기에
쓴웃음 지으며
철부지 추억을 되뇌이면서

흐르는 달빛 따라
조용히
구름 위를 걷는다.

세월이 가는 아쉬움

가기 싫은 더위 밀어내려
25층 창가에 둥지 튼
가을의 전령 귀뚜라미

와야 할 가을은 더디 오는데
여름 한 자락 붙들고
애쓰고 있다

귀뚜라미 귀뚤귀뚤
부르는 세레나데에
오는 계절 두려운 나의 마음

더위 속 풍요로움 붙들고픈
애타는 가슴 둘 곳 없어 헤매는데
귀뚜리는 자꾸만 슬프게 노래한다.

내 엄마

옷장에 간직한
빛바랜 원피스
하얗게 세월이 쌓였다

어머니의 곱디고운 새댁의 숨결
곳곳이 묻어 있어
시간이 흐를수록 진하게 느껴진다

시집살이 힘들었을 때
뽀얀 아기 같은 뺨에 흘리시던 눈물
지금도 내 뺨에 흐르는 것 같다

주름살이 곱게 잡힌
어머니는 중년의 딸에게 건네는 손이
이제, 떨리고 있다.

이불

밤하늘의 별을 따다
구름으로 만든 이불에 수繡를 놓아
나란히 덮고 있는데

아무리 네 귀퉁이 반듯하게 맞추어도
내가 당기면 너의 발이
네가 당기면 나의 손이
어둠에 시리다

달님을 덮고 있는 구름 한 조각
모자라는 이불에 덧붙여서
모두가 따뜻하게 덮으려 한다

날이 밝으면
햇님은 환한 미소로
더 따뜻한 이불을 내려줄테지

휴대폰

수화물을 부치고 돌아서는 순간
그대로 얼어붙는 마음
휴대폰이 없다

마중 나올 아이,
만나야 할 사람들
연락할 길이 없는데

모든 것 잃은 체
공허한 마음만 실은
비행기는 이륙한다.

마중 나온 아이들 웃음에
아무 일 없는 듯
사라진 불안한 마음

내가 만든 올가미
벗어버려도
부끄러운 내 마음

어머니 사랑

멀리 사는 아이가 보고 싶어지면
마음은 벌써
기차를 탄다.

아무리 시대가 발달하여도
기차의 속력은
늦기만 하다

내 어린 시절 어머니가 그랬듯이
가득히 채운 보따리엔
모정이 흐른다.

사랑은 이렇게 꼬리를 물고
오늘에서 내일로
이어지나 보다

해무

누리마루 지우고
동백섬 덮고
광안대교 서서히 삼켜 버리는
거대한 지우개

딸 아이 떠난 텅 빈 거실은
행여 돌아올세라 그냥 두고
건너편 아파트를
지우고 있다

지우지 않는 빈 공간에 앉아
밀려오는 해무에
복잡한 마음마저 지우고
피안의 세계를 꿈꾼다

찬 공기와 더운 해수면이 만나
해무를 만들어
부처님 오신 날에
부끄러운 내 마음 지우고 싶다

녹차를 마시며

아홉 번 치대고 볶아
정성으로 빚어낸
녹차

잔 속에 살아나는
향기로운
내 아이 얼굴

우려낸 찌꺼기는
부모만 남겨둔 빈 둥지
마음이 공허空虛롭다.

그리움은 찻잔을 맴돌고
일방적인 사랑으로
두 손 모은다.

해가 바뀌면 새 잎 다시 돋아
내가 걷는 길
다시 걸을 테지…….

심술

밥하기 싫은 날
심술이 마음에서 솟구친다
프라이팬 들고 기웃대는 남편
왜 그리 얄미운지
계란 부침이 계란찜이 된다

성의 없는 손놀림은
맛이 빠진 음식 되고
이유 없는 성화만 상위에 나뒹군다.

한마디 뱉는 말이 얼마나 중요한지
살아가며 느끼는 언어의 사용
석양빛에 심술을 바래고 있다.

언제 내가 그랬느냐
새큼한 물김치에 녹아드는 측은한 마음
이렇게 한평생 살게 되나 보죠

입맛 되살리기

비린 생멸치 싫어
새우깡만 받아먹는
해운대 갈매기

세월을 먹고
환경 먹다
입맛이 변했구나!

어릴 적 즐기던
김치전 아득하고
피자 맛에 길들인 혓바닥

갈매기는 쉬이 본래의 맛 찾는데
패스트푸드에 빠진 입맛
언제면 돌아올까?

먹는 것조차 이런데
언제면 찾을까
우리의 미풍양속

허무한 수다

갑갑한 마음 털어버리려
휘트니스센타 사우나실을 찾는다

캠퍼스 커플이었던 어느 현직교사의
고지식한 남편이야기가
에스라인의 모래시계 속에서
불만의 넋두리되어 흐른다,

나이가 먹는 뱃살에
샤워기의 힘찬 물줄기
허무한 수다를 씻어내고
그래도 집으로 향하는 마음은 가볍다

사는 게 다 그런 거지 뭐

엘리베이터 안의 대화

넘치는 시간을 주체할 수 없어
오며가며 하는 소리
한심하기 짝이 없다

집안 청소 거들고
고분 고분 말 잘 듣는 남편
엘리베이터 안은 자랑으로 꽉 찼다

남편 흉보기 여념이 없어
재활용 안 될 남편
쓰레기통에 버릴 기세

집안일은
나의 일
멀고 먼 세대차이

그래서 엘리베이터는 고장이 잦다.

이반離反된 동행

달려도 달려도 만날 수 없는
두 개의 선로
그 길 위에 나란히 얹혀
차창 밖을 본다

기댄 어깨 따뜻하지만
보는 것도
생각도
따로따로

함께 가는 여정旅程
살며시 손잡아 보지만
손끝에 느껴지는
무의미한 교차交叉

몸은
하나일 수 있어도
평행선에 놓인
두 생각

그댄,
지금
어디로 가고 있나요

립스틱

가슴 속에 담아 둔
아픔도,
슬픔도 둔탁한 소리만 내는데

한 가지 입술로
여러 가지 말을 하는
어이없는 입술

기분 따라
의상 따라
수많은 립스틱 뒹구는 화장대

하나만 고집하던 내 입술에
바꾸고 싶은
첫사랑에 물든 핑크빛 립스틱

술로 쓰는 마음

생선회와 곁들인 소주를
요조숙녀인 양 입만 적셨지만
콩나물 국밥집의 알싸한 막걸리
벌컥벌컥 마셨다.

두 잔에 터질 것 같은 뺨
세상에 무엇이 이처럼 맛있으랴
느슨히 내려놓은 시간
흥겨운 가락에 술술 잘도 넘어간다.

바른길 인생에서 벗어나는 듯
일부러 취한 척
발효된 마음으로 기대어 보니
따뜻함이 느껴지는 남편의 마음

세상 시름 다 날리려
술이 술을 부르는 데로 걸어가는
남편의 마음
드디어 30년 만에 이해하는 내 모습

그대와 함께

혼자 고이 오랬더니
왜 꽃샘바람 데리고 오시나요?

얼마나 기다렸는지
그대 따스한 가슴만을

살며시 안기려 했더니
왜 봄비를 데리고 오셨나요?

비에 젖은 온몸에
삶의 환희 싹틀 수 있게

푸른 하늘만큼 팔을 벌려
나를 포옹해 주세요.

이제, 가슴 벅찬 사랑을 해요
또다시 봄이 올 때까지…….

봄맞이

꽃망울 터지는 소리
너무 크지 않나요?

재잘대던 철부지
어머니 가슴에 달아 드린
예쁜 꽃 한 송이

어머니의 따뜻한 손길
닿는 곳마다
싹이 트고 움이 돋는 마술 같은 정원

세월에 허물어진 작은 울타리에도
봄이면 소리 없이 찾아오는
어머니의 미소

꽃망울 터지는 소리에 놀라
잠에서 깨어나면
어느덧 내 곁에 날아든 어머니의 편지

'행복은 결코 멀리 있지 않다' 고…….

머플러

옷장 속에 갇힌 멋진 파트너
봄 햇살을 맞으며
내 마음을 깃발처럼 펄럭이게 한다

하얀 살결 위에 싱그러운 연둣빛 휘날리며
자존심을 한껏 세워주지만
브랜드에 묶인 자랑은 텅 빈 깡통의 삶

선택된 나의 파트너는
함께 봄을 맞으며 세상구경 하는데
벚꽃조차 내려와 수를 놓는다

세월이 바뀌어도
봄이 되면 어김없이 나의 목을 감싸주는
예쁜 파트너

다 큰 아이

시장기 같은 외로움에
깨어버린 잠
차량 불빛에 매달린
그리움은 꺼질 줄 모른다

객지가 아무리 행복해도
걱정되는 부모 마음 어찌 알랴마는
나 또한 엄마 되어
걱정스런 생각에
잠자는 다 큰 아이
내 마음으로 따뜻이
어깨를 덮어준다

시누이

시드는 꽃 멈추게 할 수 없어
차라리 꽃이 싫어
민꽃식물 되었다.

혼기 놓쳐 까칠한 세월
보는 이의 마음이
더욱더 불안하지만

꽃봉오리 틔우지 못해도
긴 여름 지나고 가을이 되어
노을빛에 서린 모습 아름답게 보인다.

많은 질고疾苦 이기고
익어가는 삶
그래서 이제는 그녀가 좋다

꽃은 피는데

Chapter 2.
꽃은 피는데

겨울 목련

빌딩 숲 가운데
차가워 움츠린 중앙공원에서
벌거벗은 자태로
봄을 기다리는 목련

따뜻한 님의 품속이 그리워
시리던 육체를 녹이며
깨끗하고 순결한
하이얀 움을 틔우고 있다

개나리꽃 노오랗게 물들면
훈훈한 대화가 울려 퍼져
수줍음에 떨면서
벚꽃들과 함께 노래하리니

그때가 되면
그대 앞에서
목련화 활짝 피어
꽃잎 속에 그대를 가득히 담으리라

아카시아 잎

가위바위보
잎을 한 잎씩 떼어내며
걸어온 지천명의 세월

싱그러운 향기는
고향에 그대론 데

보고픈 얼굴들
세월에 묻혀
보이질 않는다.

들국화

화려하지도
짙은 향기도 없기에
바람마저 살랑이며 지나가는데

눈여겨 보지 않아도
그냥 비바람 맞으면서
햇빛을 바라보기만 합니다

찬 서리와 함께
괴로움 달래려
연보라 꽃을 피웁니다.

그렇지만
바람 부는 대로 흩날리는 씨앗은
따뜻한 새봄을 기다립니다.

노란 은행잎

잎마다 새겨두었던 사연일랑
전하지 못하고
차가운 바람에 흩날리는
노란 잎이 애처롭다.

아무리 불러도
뒤돌아보지 않는
허망한 시간 속에
앙상한 고요만 흐르는데

서러움의 흔적조차 없어져 버릴
암울한 내일일망정
못다 한 사연을 다시 쓰기 위해
긴긴 밤을 지날 발걸음을 재촉한다.

벚꽃

계절 잃은 눈보라에
오는 발걸음 무겁지만
그리움이 따뜻하다

뜰에서
공원에서
톡톡 터지는 꽃망울
새색시 버선발이 수줍다

내 닫는 인연에
피우는 꽃은
향기롭다 못해
세월조차 멈추게 한다

몸이라도 바람에 맡겨
흩날리는 꽃잎으로
어미를 뒤에 두고
사랑 찾아 떠나는 벚꽃이런가

고향마을 등나무

이야기보따리를 풀게 하는
등나무

젊은이나 중년이나
그늘에 앉으면 옛날에 젖는다

젊음의 향기를 내뿜는 5월
들판에서 풀 뜯는 소들은 여유로운데

바람은 자꾸만 세월을 밀어내어
구름이 머물 새 없다

길 잃어 나그네 된 내 마음
더욱더 바쁜데

등나무는 고향 하늘을 떠받쳐
바람이 지나가게 길을 연다.

겨울로 가는 나무

길가의 나무가
겨울로 가고 있다

노숙자를 덮고 있는 신문지처럼
마지막 남은 한 잎
바르르 떨고 있다

길 잃은 철새라도 날아온다면
두런두런 정답게
옛 얘기 나누련만

꺼져가는 아파트 불빛 따라
앙상한 가지 흔들며
나무는 자꾸만 겨울로 걸어간다.

영산홍

낮은 키에 맺은 봉오리
봄 길에서 만나면
황홀감에 빠진다

카메라 렌즈엔 꽃이 피고
펜 끝에선 시詩가 흘러
동결된 마음을 녹이는 봄

아무도 내게 눈길 없지만
꽃길을 걸으면
붉은 꽃 바람에 피는데

나의 삶의 길섶에도
어찌하면 이토록
붉은 꽃 피울 수 있을까

이팝나무

보슬비 내리는 산책길
이팝나무 아래
비를 피한다.

피어나는 안갯속
헤매는 내 마음을
무성한 잎들이 감싸 안는다

나긋나긋 속삭이는 소리에
씨익 웃는 이팝나무
은은한 향기를 내 뿜는데

덧없는 지난날에 모아둔 조각 생각
엮고 또 엮어
하얀 종이 위에 집을 짓는다.

행운목

행운이 오려나
집안 가득 향기를 채운다

야생화 같지만
화려하지도 청초하지도 않다

송이송이 작지만
마음 구석구석
풍만한 소망으로 가득해 진다

나도 이처럼
남을 향해 무슨 향내로 채우게 할까
행운목 바라보며 생각에 잠긴다

늦 동백의 오열

비바람에 의연하게
눈 오면 더욱 붉게
애타는 기다림

계절이 다 가도 님 그리며
고운 자태 애절하다

멍든 가슴 아무리 달래도
잊히지 않는 외로움

한잎 두잎 떨어지는
그리움이 오열한다

꽃그늘 아래

우수수 흩날리는 벚꽃 길에서
꽃 비가 나를 훔쳤다

가슴으로 젖어든 외로운 발길
나는 그만 갈 곳을 잃어버렸다

황홀한 난무 속을 걸어가면서
가슴에 타오르는 불길마저 잠재울 수 없다

밟혀도 밟혀도 흩날리는 가여운 환희
꽃그늘 아래서 쉴 수 있는 즐거운 나

줄장미

있는 듯 없는 듯
소리 없이 담장에 기어올라
유혹의 손길을 뻗친다

행여 속이 보일세라
붉은 옷 겹겹이 껴입고
남의 손이 닿지 않게 가시로 무장하고

님이 오시는 길가에
진종일 기다리는
어여쁜 마음

사랑의 향기 가득한
5월의 길목에서
싱그러운 마음의 문을 활짝 열어본다.

연잎

짙은 초록은
하늘 향해 두 손 벌린다.

비, 이슬 다 받아도
채워지면 비워내고 또 비워내고

품지 않는 연잎 보면
쌓기만 하고 가지려는 내 허상이 부끄럽다

이슬 한 방울조차 모으지 못하는
동심으로 돌아가고 싶다.

상사화

울긋불긋 병풍치고
고운 융단 깔아 놓고
푸른 빛 절개로 기다리는 상사화

잎은 꽃을 보지 못하고
꽃은 잎을 볼 수 없는 애달픈 운명

자연의 섭리에 감탄하며
화려한 단풍 혼자 보는 내 가슴에
상사화가 핀다

애절한 마음 따라
선운사의 가을은 깊어만 간다

삶의 여백

Chapter 3.
삶의 여백

중년의 행복

마음속 한편에 자리한
고뇌
종이 위에 쏟아 보니

무딘 마음에
연약한 싹을 틔우는
묘한 심정

열려고 두드려도
잠겨있던
사고思考의 문門

어느덧 새벽처럼 다가오는
중년의 행복이
시詩의 문門을 열고 있다

행복지수

시상이 떠오르는 동녘에
새벽을 열면
깨어있음이 행복하다

광안대교 위
선잠 깬 운전자는
차가운 공기를 뚫고 달리는데

특별히 바쁘지 않은
이대로가 좋고
욕심 없는 오늘이고 싶다

넉넉한 마음으로
행복지수 높이는 하루가 되어
그대를 기쁘게 만들고 싶다

우리는 시인

그냥 한번 해보려나
마음속 한편에 자리한 고뇌
종이 위에 쏟아 보니

무의미한 삶에
새로운 싹을 틔우는
묘한 심정

어느덧 낯선 얼굴들이
정겨워진 동기들로 되었고
선생님들의 배려는 용기가 되었으니

새벽을 맞는 마음처럼
빨려 들어가는 중년의 행복에
이 감정 이대로면 우리는 시인!

첫눈

나뭇가지에
솜사탕처럼 피어나는
첫눈 내리면

빨간 코트에 까만 털장갑 끼고
캠퍼스의 난롯가에 앉아
친구와 마신 커피 향이 추억 속에 흐른다.

친구들은 어디 메 살고 있는지
차곡차곡 첫눈 내리면
그리운 옛정이 쌓여만 간다.

갈매기

무리를 떠나
홀로 수면위에 떠 있는
외로운 갈매기

꿈속에 그리운 이 만나
못다 한 사연을 엮어가면서
말없이 쉬고 있네.

거친 파도 헤쳐 나온
경험일랑 제쳐두고
은빛 물결 이는 잔잔한 물결과 속삭이고 있네.

어느덧 해 저물어 돌아가는데
그리운 이 올 때까지 기다리면서
저 멀리 수평선을 바라만 본다.

그리움

뭉게구름 사이에
인자하신 아버지 모습 보인다.

오랜 세월 지났어도
옹기종기 둘러앉은 엄마 곁에서
아버지 이야기에 꽃을 피운다

어느덧 깊은 밤 지나고
산자락에 먼동이 트는데

세월이 지나면 잊혀 질 줄 알았으나
순간순간 밀려오는 아버지의 그리움

고독

그냥 무덤덤 하려
참고 또 참고
함께 있음이 행복한 것만 아님을
진작에 알았어야

미리 준비할 겨를 없이
훌쩍 떠나 버림은
애닯게 기다리는 마음이 있어
미움을 더하게 하여
나를 괴롭히는데
그래도 아직은
고독하기는 이른가 보다.

무성無聲의 해결解決

건너편 바다에서
비를 몰고 와
깜깜해졌다

어제의 쾌청함이 사치奢侈가 되고
지금 흠뻑 적셔지는 소낙비는
그냥 받아들인다.

어둠도 비도 싫다고
창문 열고 소리쳐 본들
내 안의 내가 말할 뿐

인내로 참고 견디면
즐거움도 슬픔도 엮어가는 삶
소리 없이 지나가더이다

광안리의 불빛

선상 카페에서
밀려드는 파도소리
맥주의 흰 거품이 하나가 된다.

재즈 가락은
외국인을 함께
엮어 놓는데

왠지, 배[船]가에 부딪치는
포말 되어 흐르는
나의 마음

다이아몬드 브리지의 영롱한 빛을
내 마음에 차곡차곡 담아주는
다정한 손길

해풍에 흔들리는 광안리 불빛
내년에도 그 다음해도
꺼지지 않으리.

추석 이야기

집 떠나 살아야 할 운명이지만
가을빛에 익어가는 그리움 안고
부모님 찾아서 모여들었네

보고픈 마음 꾹꾹 눌렀다가
송편 속에 집어넣어
차례 음식 만드네

참새같이 재잘거린
이야기 속에
추석의 밤은 깊어만 가네

어느덧
휘영청 넘어가는 달빛에
사랑을 엮어가며 밤을 지새네

내일이면 떠나는 철새가 되어
그리운 마음 남겨두고
길을 떠나네

낚시하는 모습

잔잔한 수면위에
낚싯대를 드리운다

강 건너
반사된 아파트를
낚는 걸까

그칠 줄 모르는
욕심이
낚시꾼의 뒷모습에 붙어 있다.

황금이든
한 마리의 물고기든
무엇을 낚든지

결국은
바다를 다 낚지 못할 진데
빈 망태만 서럽다.

서툰 생각

홍차 한 잔 놓고
삶에 가슴 데인 날
세한歲寒의 겨울비에 젖는다

연하지도
붉지도 않은
시詩를 향한 길이였기에

온화한 바람은
폭풍우를 동반하여
휩쓸고 가버렸는데

할퀴고 간 상처만
가슴속에
뒹굴고 있다.

짝사랑

혼자만 좋아하다
시퍼렇게 멍든 가슴
앓고만 있다

짝이 될 수 없는데도
주고 싶은
병病

자식 생각 떠올라
부엉이 집같이 온갖 것 물어와
가득 찬 냉장고

힘들어야 부모 찾는 자식이련만
좋은 음식 앞이면
자식 위해 기도하는 부모의 마음

오늘도 오려나
떠오르는 얼굴에
기쁨만 가득하다

추억의 노래

신입여대생의 부푼 꿈 안겨주던
동성로의 어느 음악다방

사랑과
우정과
무한의 꿈이 있던 곳

어디선가
잊힌 옛 음악이 흘러나오는데
학창시절 생각이 떠오른다

SP면 어떻고
LP면 어떠랴
동경하던 DJ가 없은들 어떠랴

옛 시절의 추억이
노래와 더불어
나의 가슴을 애잔하게 두드린다

한 겹 두 겹
세월을 벗긴다
그리운 옛 노래가…….

* SP - 표준판(Standard playing record): 표준레코드, 분당 78회전 판, SP 음반
* LP - 엘피판(long-playing record): 분당 33회 회전으로, 한 면이 연주되는 데 약 25분이 걸리던 옛날 전축판
* DJ - 디스크자키(disk jockey)

못다 핀 사랑

산화된 꽃다운 청춘
반 백 년 흘렀으나
닫혀진 휴전선

언어도 얼굴도 알지 못하는
이국땅 위에서
잠든 용사들

빛바랜 고운 얼굴, 엘런 헤론 여사
젊었던 시절의 남편을 찾아
흐르는 눈물이 묘역을 지나

보는 이의 마음까지 슬프게 하나
후일에 만날 날을 약속하는
묘비의 이름은 제임스 헤론 병사

머나먼 이국땅에 잠든 수많은 용사 향해
흐르는 눈물을 감추어 가며
감사하는 마음으로 고요히 합장을 한다

환자 대기실

두근거리는 가슴 안은
병원의 환자대기실

무엇 땜에 이런지
불안한 가슴

병의 무게에 눌린 삶
마음은 온통 굳은 표정이다

세월로 달리는 열차를 타고
어디가 종점인지 기다리는 여객

대기실 문을 밀고 나가는 밖에는
어제와 같은 오늘이 함께 걷는다.

감기

겨울이 오는 길목에서
만난 후두염
자연스러운 건데 거부하고픈 맘

긴 쿨룩거림에
짜증 섞인 내 남자의
내던지는 한마디가
슬픔이 되어온다
왜 그렇게 자주 아퍼!

병의 고통을 좋은 약으로 삼고
육신의 병 마음 흔들지 말아야 한다는
보왕삼매론의 깨우침은
나락에 빠진 연약한 여심을

무지개 따러 길 떠나게 한다

어둠에서 피는 꽃

저 푸른 바다에
비가 어둠을 몰고 와
하늘조차 볼 수 없다

입은 옷이며 몸까지
소낙비로 흠뻑 적시는데도
마음은 내내 그냥 받아들인다.

창문을 열고
어둠도 비도 싫다고 소리쳐 본들
바다나 하늘은 듣지 않는다

그래서 인내로
즐거움이나 슬픔마저 다 엮으면
삶은 깊은 어둠에서 한 가닥 빛이리라

평범한 비밀

볼 수 없는 미래로 달려가면서
뒤돌아 봐도 알 수 없는
삶의 행로行路

가야 할 길 모르는
정처 없는 나그네
그렇지만 한 발 한 발 내딛는 기쁨

아이들이 자라는 즐거움이나
행여나 잘못될까 조바심 속에
기쁨이 더 많은 마음이기에

살아온 발자국이 어땠는지는
누구든지 지나봐야 느끼는
평범平凡한 비밀秘密

슬픈 장애

동네 네거리엔
신호 대기 중인 차로 가서
절룩이는 다리로
뻥튀긴 과자를 파는 총각이 있다

알 사람들은 다 안다
장애인이 아니라는 것을…
자신을 속이면서 파는 물건이
현실이 안타깝다

말 한마디도 못하고 돌아온 나
진종일 집에서 생각해봐도
나도 장애인 된 듯
가슴이 왠지 후련치 않다

자꾸만 눈에 들어오는
절룩이는 다리
천정을 바라봐도 생각이 나
창밖을 내다보며 밤하늘을 본다

의자

봉래산 정상
널따란 바위 의자에
잠시 무거운 짐을 내려놓는다.

고생이 배어 있는 땀을
바람이 삭히는데
탁 트인 시야에 가슴 속은 텅 비어진다

바위라도 앉으면 의자가 되지만
좀 더 좋은 의자에 앉기 위해
노력했던 수많은 날들
수평선 너머에서 곤두박질한다.

비록 지금의 의자는 거칠지만
정겨운 나만의 의자가 된다.

노을은 지는데

아무도 모르는
그리움 꺼내본다

사라지는 저녁노을
아쉬움으로 보내는 세월에도
설레는 가슴 찾아올 수 있을까

그리운 기억을 더듬으며
어두운 마음에 등불을 켠다

아지랑이처럼 가물대던 그이 모습
한순간의 젊은 날들이
진달래처럼 피어난다

새옹지마

깁스한 오른팔 때문에
왼쪽 팔이 바쁘다

파를 썰고
찌개 맛을 보는 게 어색하지만
애쓰는 모양이 애처롭다

오른팔 나을 때 까지
이제 여유롭게
내 속에 쌓인 먼지를 털어내야겠다

바삐 사는 삶이 좋은 줄 알았는데
성찰의 여유를 가질지 누가 알았을까
새옹지마塞翁支馬가 따로 없구나.

노천 온천

-수안보에서-

오랜만에 만난 여고 동기들
살아온 얘기가 온천의 분수다

자랑과 쓰디쓴 이야기
보글거리는 온천수 되어 흐르고
재잘대는 입들이 동동 떠내려간다.

살면서 흘린 눈물 다 모였는지
온천수는 해수처럼
맛이 짜다

머잖은 세월에
또다시 오래도록 못 만날 우정이기에
어찌하면 짧은 만남 행복하게 해 줄까?
애타는 내 마음

롤러코스터

포도鋪道에선 자동차가
바다엔 바지선, 통통배
바쁘게 움직인다

롤러코스터 탄 세월이
나의 손을 끌고 있는데
가기 싫은 발자국 떼기가 두렵다

무엇이 되든
베를 짜는 피곤한 삶

거울에 비친 내 모습
볼 수가 없어
눈부터 감는다.

이색결혼

아담한 한국 아가씨와
키 큰 서양 총각의 웨딩마치

보내는 맘 서러워 눈물짓는 신부 어머니
어색한 모습의 한복 입은 신랑 어머니
맞잡은 손이 다정하다

축가祝歌에 맞춰
긴 입맞춤으로
아름다운 가정 꿈꾸는 신랑 신부

파란 눈동자와 까만 눈동자
마음 맞춰 살라고
태평양 바닷물이 광안리 바닷물과 섞여
힘차게 철석인다

가고 싶은 곳 있어도

구름을 보며 가고 싶은 곳을 그린다
홍시 속살 같은 삼락공원 노을도 보고 싶고
달맞이 언덕 아래 국숫집에도 앉고 싶다

자동차도 있고
마음 맞출 친구도 있지만
가고 싶은 곳은 게으름으로 물든다

어쩜 달려갈 여건이 아니라
마음으로 간직하고픈 곳이 아닐까?

오늘도 난
빈 마음 갖고
익숙한 곳만 찾고 있다

종착역

듬성듬성 남아 있는 머리털같이
모내기 끝난 논
파아란 기운을 들판에 내뿜는다.

바람조차 외면한 햇살 좋은 날
갓 분가한 새싹 넘어질세라
허수아비 닮은 농부의 기도가 보인다

인고忍苦의 시간 지나면
들판은 황금으로 물들고
풍성한 마음은 노래로 흐를지니

가을을 맞는 여인은 차창 밖을 보며
괜스레 걱정에 젖는다.
종착역은 가까워 오는데……

노숙자

공원에
낙엽보다 더 초라한 노숙자들이
잠을 자고 있다

차가운 땅바닥에
주린 배 움켜쥔 체
신문지 한 장이 이불이다.

수 겹의 담요를 덮고
호화로운 침대에 잠을 자도
오히려 괴로운 부유한 노숙자

육신은 편해도
마음의 노숙자들
부끄럽지 않을까

깨고 나면 차가운 바람은
신문지마저 거둬가 버리는데
더덕더덕 붙어있는 뱃가죽에 더러운 기름을
무엇이 거둬갈까

차가운 땅바닥에 누운 노숙자
잘못 만난 세월밖에
무슨 죄 있으랴

내 마음 아는지 모르는지
휑한 바람만
노숙자의 신문지를 거둬가 버린다

불꽃축제

광안리는
오색 불꽃에 행복이 터졌다
사랑이 터졌다

시선이 마주치면
따뜻해 오는
너와 나의 마음

환희歡喜의 생성生成과
소멸消滅의 허무虛無
밤이 너무 짧다

축제 끝난 후
가야 할 길은
기억마저 지워질 역사의 뒤안길

옛 친구

사는 모습 다르고
빛바랜 얼굴 달라도
같은 꿈 실현하려 모여든 우리

우울증에 뚱뚱해도
이별로 상처를 할퀴어도
이 시간만큼은 근심 없는 모습

영롱한 미래를 꿈속에
들숨과 날숨으로 진리를 캐던
라일락 향기 짙은 그리운 캠퍼스

아직도 식지 않은 뜨거운 해후
가끔씩 만나자는 기약
내일을 수繡놓을 길목은 짧다

편견

두 가지 얼굴을 가졌는지
내 기분에 따라 달라지는
시골 풍경

KTX에서는 평온한 시골이
완행버스에서는 열악하게 보임은
무슨 이유일까

안경색대로 변하는 세상이지만
하나를 두고서 헤매는 삶
어찌하여 편견이 없을 수 있으랴

오늘도 혼동된 세모歲暮에 서 있는
나
정겨운 길 위를 걷고만 싶다.

새해 아침에

숱한 덕담의 문자 메시지가
새해 아침을 만든다
지난해도
금년도 다르지 않음에
의미를 두지 않으련다

떠오르는 해를 바라보는 것만으로
오늘을 감사하련다.
편안함과 행복이
작은 싹으로 움 돋는 내 마음
오히려 풍족하다

산 너머 행복이 있는 듯
내일의 행복을 바라는 어리석음에서
나를 깨우는
이 아침
두둥실 둥근 해가 떠오른다.

바람개비

알록달록 바람개비가
죽도 공원을 돌리고 있다

꿈을 먹고 돌아가고
바람 먹고 돌아가는 바람개비를
동해남부선 위로 달리는 기차는
삶을 엮어 돌린다

아득한 지평선 위인데
어찌 그리움이 윤슬 되어 반짝일까?
자꾸만 자꾸만 바람개비는 돌고 있는데…

대룡마을

대룡마을 무인 카페
낡은 풍금 소리와 지지직거리는
LP소리가 정겨움에 취한다.

갖가지 조형물과 전시실
예술을 낳고 있는 작업실엔
예술인의 손길로 시골 마을이 빛나고

마을 담벼락의 벽화는
켜켜이 쌓인 다녀간 흔적을
물끄러미 바라보는데

내가 지나간 발자국엔
팔랑이는 참새 한 마리
무엇을 쪼을까 깊은 생각에 젖는다.

상생의 손

탁 트인 동해안에
두 손이 솟아 있다

바닷가엔 오른손
해맞이 공원엔 왼손이

서로의 손들이 합쳐진다면
상생의 의미가 깊어질 것을

아득한 태고의 그날
그토록 합치고 싶은 두 손이건만

독도와 이어도를 떼어 놓으려는
부당한 야심野心 가진 일본과 중국

진정한 상생의 손은 우리에게 있는데
동해의 파도 속에 손만 시리다.

멘토와 멘티

멘토는 1세대
멘티는 2세대
주어진 화폭에 그리는 그림

편안한 삶을 그리는 1세대의 붓끝
드는 붓이 무거운지
놀기만 원하는 2세대의 화폭

싸워도 안고 싶은 심정
언제면 알아주리
부모의 마음

멘토와 멘티는 이래서 바쁘다
다문화 가정의 하루는
왜 이리 짧은지…

(UN평화 교실에서)

흙 속의 진주

손끝 부드러운 흙
잊어버린 세월의 감촉이다

대추나무 사이
남이 먹을 양식 갈취하는 잡초가 무성타

내 속에 잡초를 어떻게 뽑을까
푸른 하늘 쳐다보며 생각을 한다.

흙 속에 묻혀있는 진주의 씨알
움트고 자라서 크게 되도록

기분 좋은 식탁 위해
나물을 심고 싶다

역동

고요한 바다 뱃길 길게 누웠는데
외국 가는 비행기는
높은 창공에 뽀오얀 하늘길을 그린다.

찬찬히 나를 살필
독락獨樂의 시간
가슴 속 고요를 그린다.

내 속에 숨어 있던
감성의 분수噴水는 높이 치솟고
옛날이 되어버린 캠퍼스 친구가 생각난다.

이제,
고요가 역동逆動을 타고
숲 속으로 스며들면 녹음이 짙어지는데

이글대며 타오르는 나의 정염情炎
세월과 함께 가을을 맞으려
아름다운 색깔로 현란하다

안타까움

새끼가 다칠세라
이 나무에서 저 나무로 날아다니며
안절부절 어쩔 줄 모른다.

둥지에서 겨우 나와
날지 못하는 새끼 까마귀
불길한 예감이 스치나 보다

이럴 땐
날 때부터 날개 달고
훨훨 날 수 있다면 얼마나 좋을까

사람 탈을 쓰고도
서로 맡지 않겠다는 비정非情의 부모
까마귀의 울부짖음 들리지 않는지

닻 같은 어머니는 떠나버리고
빈 배만 파도에 출렁이는데
아이들은 안타깝게 멀미만 한다.

좋은 인연

봄비 오는 아침
조간신문에 실려 온
말간 얼굴

어쩜 그리 조신하고 예쁜지
조용한 시류時流에
일으키는 파문波文

지혜로운 강의에
현혹되는 내 마음
인연의 실마리를 눈으로 당긴다

단절

털썩 앉으며
눈인사도 없더니
참 잘 마신다

참 잘 먹는다
콩 한쪽 나누어 먹던
옛 인심 어디로 간 걸까

완행열차에서 KTX로 바뀐 요즘
철저한 단절이다
스마트폰만 존재할 뿐

꽉 찬 객실에 혼자인 양
옆자리의 이방인은
가방 속 빵만 만지작거린다

아쉬움

아파트 25층
창가에 둥지 튼 귀뚜라미
힘껏 부르는 세레나데는
아쉬운 나의 노래

여름 한 자락 붙들고
놓칠세라 애쓰고 있던
지난날이 엊그제 같아
귀뚤귀뚤 소리에 귀를 기울인다

옛것은 항상 퇴색된 듯하나
그리움과 아쉬움이 스며있어
가끔 뒤돌아보며
삶의 참뜻을 유추해 본다

가을이 오는 길목
귀뚜라미의 애타게 부르는 노래는
무대의 한 장르를 넘기려는
아쉬운 소리가 된다

전철 안의 풍경

해운대로 가는 전철 안은
다양한 세상이 함께 한다

흑 · 백 · 황인人
제각기 짝지어
아슬아슬 천 조각 걸치고
이야기에 한창이다

남의 시선 아랑곳 않고
배려하지 않는 건
동 · 서양 다르지 않구나

남 볼세라
안타까운 마음은
이리저리 눈 둘 곳 찾지 못한다.

후회

매주 명심보감을 읽고
매일 아침 발원기도를 하지만
부끄러운 마음에서 헤어날 수가 없다

밥 먹고 잠자는 것을 반복하듯
저지르고 후회하는 그런 하루에
입을 닫고 싶다

묵언 수행이라도 해볼까
그러면 좀 나아지려나
이도 저도 못하고 후회만 반복한다

멀리 보이는 수평선 위에
마음 올려놓고
내일을 향하여 참선參禪을 한다.

소나기 마을

돋보기안경을 코에 걸치고
소나기 마을로 들어간다.

물장난하는 소녀와 소년의 풋사랑은
먼 추억 속을 끌어들여
잠을 쫓는다.

글자가 나이를 먹어
세월을 멈추게 하는데
어느덧 나는 소설의 주인공이 된다.

수없이 내리는 소나기 피하지 못하고
살아온 나날
동구 밖으로 나가는 길이 열린다.

기쁨과 슬픔
많은 애환의 삶의 길이었기에
남편의 코고는 소리에 비가 멈춘다.

독도

태고의 숨소리가 들리는
푸른 물결 위에
한 줌 민족의 얼을 심어놓은
독도

매서운 바람 몰아치고
통한의 아픔이 있어도
외침外侵이 있을세라
부릅뜬 눈

오늘도
오가는 뱃길을 바라보면서
죽도竹島라는 오명汚名을 씌우려는 무리들을
꾸짖는 너의 모습 위대하여라

따뜻한 사랑 모아 너에게 보내나니
겨레의 뜨거운 피
영원히 흐르고 있음이라!

산을 넘고 강을 건너

Chapter 4.
산을 넘고 강을 건너

발 마사지

피곤해도 말 못하고
답답하게 갇혀
살아온 나의 발

미안한 맘 접어두고
발 마사지하는데
시원한 손놀림에 행복하기 그지없어
이 순간만큼은 여왕도 부럽잖다.

우리나라 사람들이 언제부터
이렇게 잘 사나
대견한 마음과 부끄러운 마음에
슬며시 팁을 건네어 준다

독도 사랑

동해의 푸른 물결에다
산수화를 그려놓은
우리의 외딴 섬 울릉도

대한의 정기를 밝히는
촛대바위 앞에서 맛보는
회며, 사과는 신선들의 음식

저 너머
야욕의 좀비들의 울부짖는 소리를 막으려
아름다운 독도를 향한다.

흔들리는 배
멀미난 육체로
발길을 그곳에 옮길 수 없어

빈 가슴 채우지 못하고
돌아왔건만
아직도 내 마음에 살고 있는 독도

외롭게 서 있는 작은 섬
영원히 겨레의 사랑으로
너를 바라보고 있음이여!

육 여사 생가

목련으로 울타리 만들었을까
그림처럼 정이 스민 옛집일까
기대하며 찾아간 생가

옛 흔적 간곳없고 현대식 한옥에
요란한 전기톱 소리만이
고요를 깬다.

눈감고
귀 닫아
목련꽃을 생각한다.

귀품 있고 인자한
옛 모습 그리며
무거운 발길을 옮긴다.

가을 산행

친구 넷
승학산에 오른다

옮기는 발자국마다
갈대 소리 고이고

흘리는 땀방울은
피안의 세계에 흘러드는데

단풍잎처럼 황홀한
친구들의 웃음소린
수평선 위에 노을처럼 붉다.

어둠의 장막 서서히 내리는데
하산하는 발걸음에
행복 실은 초승달 앞장을 선다.

가을 나들이

배내골이
단풍에 불탄다

산허리 휘감은 안개는
무릉도원의 향연을 그린다

삶의 여유와 감동을
탄성으로 이어지게 하는데
영남알프스는 지그시 눈을 감은 부처님이다.

세월에 길들어진
중생은
허무한 삶들을 염주처럼 엮고만 있다

서둘러 가는 인생
아무리 둘러가도
제자리걸음만 되풀이하는 것을……

단풍은 미리 알고
내년에 다시 오마 약속하면서
구름 따라 서쪽으로 발길을 재촉한다.

태백

풍요로운 가난과
온갖 설움 품었던
태백산 외진 마을

검어야 할 태백은 검지 않고
와야 할 눈은 오지 않아
희지도 검지도 않는 마음에
자작나무만 혼란昏亂하다

피곤한 광부의 육체가
검은빛에 물들어도
쉴 곳이 있기에
하늘이 푸르렀던 지난날이 그립다

때늦은 눈꽃축제에
이리 갈까 저리 갈까
해 저문 발길에 바람만 검다.

캄보디아 아이들

인형 같은 아기를 옆구리에 차고
동정을 구하는
가난에 타들어 간 까만 얼굴

아이들을 내세워
구걸만 가르치는 부모
어두운 미래만 손짓하는데

수천 년 전 화려했던
앙코르와트의 문명은
불가사의한 일

정교하게 조각된 신전은
오히려 현실을 알지 못하고
멀리서 온 관광객만 슬프게 하는데

조각은 자꾸만 시간 속으로 흘러가고
까만 눈동자에 천진난만한 아이들
안타까운 심정만 내 마음을 침식한다.

오륙도 산책길

이기대 산책길에
삽질하는 군인들은
오륙도를 삽으로 떠서 구름 위에 놓는다.

하늘은 바다 되어
조각배를 띄우고
어느덧 하늘과 바다는 한몸이 된다

새로 난 해변 길은
행복을 안는 길
정겨운 얼굴들이 오륙도가 된다

외로운 묘역

군악대의 슬픈 연주가 흐르고
멋진 해군 복장의
터키 장군의 경례하는 손이 떨린다

조심스레
타국에서 잠든 넋 위로하려
조국의 흙 한 줌 뿌린다

침묵이 흐르고
숙연해지는데
외로운 묘역에 눈물이 흐른다

생각만 해도 감사하여
두 손 모으지만
그 청춘 달래어 줄 이 누구이런가?

잘 정돈된 유엔묘지에
무심한 시민들이 그 사이 오가는데
속절없이 꽃들만 슬프다.

순천만의 석양

쳐다볼 수 없는 눈부심이
서걱이는 갈대 소리에
순천만의 석양이 짙다

차가운 바람에 휑해진 가슴은
밀물 따라, 썰물 따라
그리움을 토해낸다

검은 몸 일으킨 갈대 사이
바쁜 걸음으로 계절을 재촉하는
힘겨운 철새 한 쌍

곱게 물든 산이 바다에 발을 담글 때
흩어진 마음 모아
나는 순천만의 석양을 안는다.

필리핀의 슬픔 1

따알 화산의 분화구 찾아
조랑말의 행렬이
수백 미터의 가파른 길을 오른다

관광 온 들뜬 마음과
헉헉대는 말의 울음이
허공에서 부딪친다

동물의 고통도
인간과 다르지 않을 텐데
내 어찌 말 잔등을 칠 수 있으랴

힘없는 손으로
다음 생을 빌어주며
안장에서 내린다

필리핀의 슬픔 2

구릿빛 피부에
단단한 근육질
떡 벌어진 발가락으로
바윗부리 헤치고
거세게 내려오는 물살 가르며
계곡의 보트는 역류한다

노동의 극한 상황을 보는
이방인 여행객은
맘대로 지갑을 열수도 없다

팍상한의 기암괴석의 절경은
쳐다보는 것도 사치인 양
가슴이 졸여든다

힘차게 떨어지는 폭포수는
내 마음을 아는 듯
필리핀의 서럽도록 힘든 삶을 토해낸다

공룡 발자국

층층단애層層斷崖가 병풍 되어
상족암의 바람을
조용히 막는다

바위와 바다가 손을 잡은
멋진 풍광에
거대한 공룡이 놀다 간 자리가 스산하다.

세월에 씻겨
흔적으로 남긴 발자국
소금기를 머금은 바닷물이 고였다

멸종된 공룡의 족적 보며
시간이 흐르면 흔적 없이 사라질
우리의 생명이 안타깝게 여겨진다.

보라카이 해변에 두고 온 마음

내 마음 비추어 볼 수 있는
하얗게 빛나는 아름다운 해변
이보다 더 맑고 깨끗할 수 있을까

세일링 보트에 누워
눈부신 석양을 향해 달리는 황홀감
그대로 간직하고 싶은 충동
이보다 더 무엇으로 가슴을 채울 수 있을까

꽃잎과 아로마 향이 가득한 욕조에
여행의 피로한 몸 담그며
부드럽게 온몸을 마사지 해주는데
이보다 더 편안할 수 있을까

머무를 때 보다 떠나온 지금
더 그리운 것은
내 마음 그곳에
남겨두고 온 것일까

먼 후일 그리워할 이 세상
아름다움만 만들다
떠나고 싶다

반월성에서

귓불을 때리는 바람에
고목은
뿌리조차 시리다

허물어진 성터 따라
뻗어 나온 세월
신라의 천 년이 외롭다

숱한 용맹을 지켜오던
박혁거세에서 경순왕까지
함성이 아직도 들린다

역사를 밟는 발길에
한 잎, 두 잎
세월이 무심히 떨어진다

남천 건너 반월성밖엔
아는 둥 마는 둥
자동차 소리만 높다

선덕왕릉

향 좋은 우전차로
헌다獻茶하는 손길
가을의 끝자락에 머문다

삼국통일을 위한 여왕의 예지력이
살아있는 용이 되어 하늘을 나는데
왕릉을 둘러싼 소나무는 능을 향해 경배한다.

유언에 못 이겨
도리천에 잠든 선덕
후손이 없어도 지켜주는 사천왕사

선덕의 차분한 위엄은
흐르는 세월 따라
허허롭게 아름답다

미사리 카페

낭만의 옛 모습 어디가고
생음악이 들려오는
연인들의 쉼터

추억에 물든
내 사치스런 마음
꺼진 의자만큼이나 씁쓸하다

여태껏,
내 마음에 살아 숨 쉬던
미사리 카페
저어~ 저문 햇살만 창틈을 달군다

무아無我의 동경憧憬

Chapter 5.

무아無我의 동경憧憬

한 해를 보내면서

무디어진 케롤송에
한 해가 저문다

숱한 계획 중에
넉넉한 맘을 욕심냈건만

훌쩍 지나간 나날들은
비좁은 골목에서 맴돌다 간다

이제 먼 후일도 많지 않건만
또 다른 계획을 세우려 한다.

해돋이 1

서울시향의 가녀린
바이올린의 선율이
새해 아침을 연다

광안대교의 화려한 불빛 아래
연인들을 기다리는
크루즈 선은 긴 고동 소리를 낸다.

오늘이 아무리 차갑더라도
태양은 힘차게
떠오르는데

유난히 시리고 아픈 가슴일지라도
우리의 가슴이 데워질 때까지
힘껏 안으며 살고 싶어라

해돋이 2

꼴깍
한 살 더 먹는 소리에
일어나보니

어느 해변 사찰에는
희망과 행복을 가슴에 담고
빽빽이 모여 있는 사람들

새해를 의미 붙여
갖가지 소망 담아
합장하여 고개 숙인다.

큰 꿈 안고
뿔뿔이 흩어지고 난 후에는
탑만 혼자 외로이 사찰을 지킨다.

보리암에서

별들은 어둠에서 반짝이고
차가운 마음에 매서운 바람이 이는데
따뜻한 공양에 눈 녹듯 녹여 내린 불심을 본다

잠을 자도
꿈을 꿔도
보리암이 보인다.

높은 산 정상
정지된 시간 속에
서 있는 해수아미타불

밤하늘 떠 있는
반달 속에다
가족 생각 모두를 그곳에 두고

마음을 가다듬고
정좌하는 내 모습
참선의 세계로 입문을 한다

연등

이기심도
욕심도 버리고
공허한 마음으로

은은한 꽃 한 송이 가운데
불심을 태우는 촛불
바람 속에 기쁨으로 설레고 있다.

정성스레 올린 육법공양
부처님 오신 날
오색찬란한 연등은 중생의 마음을 밝힌다

모두가 베풀며
나누며 살라고
고승의 설법이 사찰寺刹을 채운다

우담바라優曇婆羅

삼천년 동안 보기 힘든
우담바라 꽃

보일 듯 말듯
쉽게 보이면
우담바라겠는가

세속의 눈은 허상일진데
무명無明의 불자 앞에
염화시중의 미소를 지으신 부처님

두근거리는 가슴 안고
우담바라 피어 있는 불상 앞에
조용히 삼배를 올린다

＊염화시중 : 석가여래가 영취산에서 설법할 때 말없이 연꽃을 들어 대중에게 보였더니 가섭만이 그 뜻을 알아차리고 미소 지었다는데서 유래.

전통사찰음식

온갖 정성 모아
자연의 맛 살린
전통 사찰 음식 한 상

눈으로 보고
향에 취하여
차마 먹기 아깝다

정성스런 손길이
폐부까지 다다르는
불자의 손길이 부럽다

미운 정 고운 정 사이를 오가며
한 해가 저무는 날
신묘년 맞기 위해 향적원에 모였다

구걸의 기도

못 깨달은 불심은
나만을 위해서 기도한다.
구걸기도이다

맑은소리 범종은
남을 위한 울림인데
월호 스님도 중생의 욕심을
타이르는 설법을 한다.

사바세계는 전생의 업業인 데도
닦을 도道는 멀리 가고
욕심으로 보채기만 하는 중생

법문은 들을 때만 느끼고
내일이면 또 달라고 보채기만 하는
중생의 기도

휑하니 부는 바람에
흔들리는 내 마음
어찌하면 바로 설까 기도하기 두렵다.

빈 항아리

입 벌린 항아리
무엇으로 채울까
욕망으로 채울까
세월로 채울까
모든 것은 부질없는 허상虛像일 뿐
육도六度를 윤회하며 아무리 다생多生해도
다 내려놓는 마음이야
부처님의 마음이라
공허空虛함이 충만充滿함인 줄
늦게야 알았으니
빈 항아리 그대로가
진실 된 습기習氣기에
아름다운 모습으로 내 마음을 채운다.

수종사

작아서 아름답고
작아서 욕심 없다

남한강과 북한강이 만나서
대웅전 앞뜰을 만드는데
수종사의 목어는 강 속에서 헤엄친다.

양수리 물가에 앉아있는
산은
나와 함께 차 한 잔 마시며 세월을 센다

수종사의 목탁소리에
흰 구름은 서쪽 하늘로 흐르고
맑은 새소리가 나의 시심을 깨운다

서운암의 꽃 축제

구수한 된장 냄새
서운암을 깨우고
옛 선조들의 발자취를 찾아온
문인들의 손끝에는
제각기 가진 붓들이 빠르게 움직인다.

장경각 오르는 길에
시詩의 싹이 돋아나고
길 따라 피어 있는 옛이야기에
들고 온 시화의 깃발이 펄럭인다.

들꽃은 장산극 시극에 매료되어
햇살이 따가운 줄도 모르고
봉오리만 자꾸자꾸 피우고 있다

| 작품 해설 |

맑은 마음의 청아한 노래

- 남경숙의 시 세계 -

부산대학교 명예교수 : 최 원 철 (시인, 수필가)

|작품 해설|

맑은 마음의 청아한 노래

-남경숙의 시 세계-

부산대학교 명예교수 : 최 원 철 (시인, 수필가)

고요한 산속에서 이른 아침에 들려오는 새소리는 청아하고 맑게 들린다. 아름다운 환경을 가진 이 지구의 지표에서 어느 생물보다 먼저 새들의 노래가 들리는 것이 아닌가 느낀다. 이와 같이 아름다운 노래를 들으면서도 복잡하게 사는 인간에게도 자연을 아름답게 노래할 수 있는 정서적인 면을 잃지 않게 신이 인간에게 부여한 특권이 시詩를 쓸 수 있는 재능을 준 것인 줄도 모른다. 시詩는 인간만이 할 수 있는 노래요 아름다운 마음을 밖으로 내보이는 표상表象일 것이다. 예부터 이를 서정적인 시로 규정하고 많은 시인들의 심연에 내재해 있는 정념을 표상하는가 하면, 정념이 흘러가는 길을 만들어 표현하기도 하고, 그리고 그 시가 도달해야 할 정념의 목표지점에 시인이 의도하는 뜻과 합일하여 안착 되는 것이 서정시일 것이다.

남경숙 시인의 첫 시집 『그대와 함께』는 그 제목부터 서정적인 표상이 아닐 수 없다. 이 시집의 작품을 총 5 부분으로 분류하여 졌다. 제1장은 '나의 정원에서', 제2장 '꽃은 피는데', 제3장 '삶의 여백'. 제4장 '산을 넘고 강을 건너', 제5장 '무아無我의 동경憧憬' 인데 이 속에 소개된 시들은 인생의 흐름을 이야기하고 있다

「제1장 나의 정원에서」 시인 자신의 가정생활의 아름다운 면모를 볼 수 있다.

우리는
바구니의 꽃이 되어
옹기종기 모였습니다.

마음으로 차린 음식
기쁨으로 나누며
밤새껏 고운 눈길을 서로 주고받았습니다.

이른 아침 눈 떴을 때
듬뿍 받은 사랑이 무거워
쑥스러움에 고개 숙인 들국화가 됩니다.

어느새 흘러버린 세월로
꽃바구니 속에
나의 얼굴이 담겨있습니다.

– 「꽃바구니」의 전문

위의 시의 첫째 연에서 가정의 모습을 그리고 있다. 만들어진 가정을 꽃바구니로, 꽃은 식구들을 상징한다. 제2연에서는 화목한 가정의 삶을 제3연은 남편과 가족으로부터 느끼는 사랑 그리고 제4연에서 자신의 자식들은 둥지를 떠나고 없어도 자신만이라도 지키고 있는 둥지 같은 아름다운 가정을 느낄 수 있다. 시적 화자의 사랑스러운 가정의 서정적 감정이 감동으로 다가오는 시詩라고 말할 수 있다. 자식은 부모에게, 아내는 남편에게, 서로 위하며 사는 가정의 효孝까지 시詩 가운데 그 뜻이 숨어 있기에 팔만대장경 속에 있는 「증일아함경增壹阿含經」의 한 부분이 생각난다. 아름다운 가정에서 효孝가 탄생하기 때문이다.

그런데 남경숙 시인은 아이들에 대한 어머니로써의 사랑이 눅눅히 녹아나는 대목들을 살펴보면, 「풋사랑」에서 여태껏 철부지하게 같이 지내던 아이가 어딘지 모르게 어머니와 떨어져 있어야 하는(아마도 다른 도시로 공부하러가는) 환경에서 보내는 어머니의 애처로운 마음을 나타내고 있다.

> 설렘, 두근거림
> 다 남겨두고
> 울면서 떠난 애처로운 모습이
> 눈물짓게 한다
>
> – 「풋사랑」의 일부

아이가 있는 곳으로 가기 위해 비행기로 짐을 부치고 나서 보니 휴대폰을 잊고 공항에 나와서 도착 후 아이들과 어떻게 만날까 걱정하는 마음이 재미있게 표현되어 있다.

수화물을 부치고 돌아서는 순간
그대로 얼어붙는 마음
휴대폰이 없다

– 중략

모든 것 잃은 체
공허한 마음만 실은
비행기는 이륙한다.

– 중략

내가 만든 올가미
벗어버려도
부끄러운 내 마음

– 「휴대폰」의 일부

어머니는 항상 위대하다. 늘 생활의 깊은 곳에는 자식 걱정을 놓을 수 없다. 「녹차를 마시며」 아이 생각하고 「다 큰 아이」가 되어도 어머니로서의 보살핌은 영원한 것 같다.

특히 「다 큰 아이」의 시에서 보면

시장기 같은 외로움에
깨어버린 잠

– 중략

잠자는 다 큰 아이
내 마음으로 따뜻이
어깨를 덮어준다

– 「다 큰 아이」의 일부

모정母情의 한 편린片鱗을 볼 수 있다.

또한, 시인은 남편에 대한 아내로서의 사랑과 이해의 마음을 시에서 발견된다. 남편과 관련되는 마음에서 「빈 소주병」, 「엘리베이터 안의 대화」, 「이반離反된 동행」, 「술로 쓰는 마음」, 「그대와 함께」에서 여실히 드러나고 있다.

생선회와 곁들인 소주를
요조숙녀인 양 입만 적셨지만
콩나물 국밥집의 알싸한 막걸리
벌컥벌컥 마셨다.

두 잔에 터질 것 같은 뺨

세상에 무엇이 이처럼 맛있으랴
느슨히 내려놓은 시간
흥겨운 가락에 술술 잘도 넘어간다.

바른길 인생에서 벗어나는 듯
일부러 취한 척
발효된 마음으로 기대어 보니
따뜻함이 느껴지는 남편의 마음

세상 시름 다 날리려
술이 술을 부르는 데로 걸어가는
남편의 마음
드디어 30년 만에 이해하는 내 모습

– 「술로 쓰는 마음」의 전문

남편과 밖에서 한국의 토속주인 막걸리를 마시고(제1, 2연) 일부러 취한 척하면서(제3연) 남편을 이해하려 해보고 남편의 고된 하루를 드디어 이해하는 대목이 엿보인다. 사회생활의 어려움과 괴로움을 잊기 위해 남편이 술을 마신다(?)고 시인은 생각이 들었는지도 모르지만 어쨌든 술을 마시는 기분과 남편에 대한 이해를 드디어 30년 만(제4연)에 겨우 깨닫게 되는 것이다. 그러므로 남경숙 시인은 매우 가정적인 아내임을 알 수 있다.

남 시인이 부모의 입장이 되어 볼 때 부모에 대한 사랑이 「내 엄마」, 「어머니 사랑」, 「봄맞이」에서 더욱더 짙어짐을 느끼게 한다. 그뿐만 아니라 집에서 기르던 「예쁜 강아지」 하나조차도 같은 식구로서 대하며 살아온 정겨운 성품이 내포되어 있다. 때로는 고독의 「불면의 밤」을 보내기도 하며, 「세월이 가는 아쉬움」에서 밖을 내다보는 시인의 눈에는 빌딩 사이로 밀려드는 「해무」를 바라보며 그나마 '피안의 세계를 꿈꾸기도' 한다. 간혹 그리운 이를 생각하며 「기차를 타고」 여행도 혼자 해보고, 입술에 「립스틱」을 다르게 발라 보기도 한 여성의 내면을 이야기하고 있다.

가정생활에서 옛날 식구들과 지내오던 모습 가운데 「이불」 하나로 서로 덮으려 할 때도 있었고 때로는 「허무한 수다」를 떨기도 하고 또한 「입맛을 되살리기」 위한 노력도 해보고 자신이 옷장 깊이 숨겨 논 「머플러」를 하고 다니던 시절을 거쳐, 혼자 살던 「시누이」의 칼칼한 성격이 세월이 지나서 오히려 혼자 살아도 멋있고 인자하게 변해 있는 「시누이」를 보고 세월의 변화를 더욱더 느끼고 있는 것을 볼 수 있다.

「제2장 꽃은 피는데」에서

– 생략

따뜻한 님의 품속이 그리워
시리던 육체를 녹이며
깨끗하고 순결한

하이얀 움을 틔우고 있다

– 중략

그때가 되면
그대 앞에서
목련화 활짝 피어
꽃잎 속에 그대를 가득히 담으리라

– 「겨울 목련」의 일부

남경숙 시인의 시편에서는 아름답게 피는 꽃들로 통하여 시인 자신이 가지고 있는 삶의 체험들이 내면의식의 관류灌流를 통해서 시인의 자화상을 느끼게 한다. "따뜻한 님의 품속이 그리워/ 시리던 육체를 녹이며/ 깨끗하고 순결한/ 하이얀 움을 틔우고 있다."에서 독일의 프로이드(Sigmund Freud, 1856~1939)의 정신분석학 측면에서 여성은 남성의 보완물 혹은 반대물로써 인식된 종래의 관습적인 이론적 표현을 이 시에서 발견되는 듯하나, "그때가 되면/ 그대 앞에서/ 목련화 활짝 피어/ 꽃잎 속에 그대를 가득히 담으리라."라는 시구詩句를 볼 때 벨기에 출신인 프랑스 학자 뤼스 이리가라이(Luce Irigaray, 1932~)는 여성의 영역으로부터 나온 "에너지, 형태, 성장 혹은 개화"를 기대하는 성의 평등성을 말하는 것에 부합되는 듯하다. 그것은 "꽃잎 속에 그대를 가득히 담으리라"라는 절대적인 수동이 아니라 능동적으로 '그대를…

담으리라' 라는 표현에서 알 수 있다.

가위바위보
잎을 한 잎씩 떼어내며
걸어온 지천명의 세월

싱그러운 향기는
고향에 그대론 데

보고픈 얼굴들
세월에 묻혀
보이질 않는다.

– 「아카시아 잎」의 전문

세월이 너무나도 많이 흘러 고향에 와보니 아카시아 잎을 따며 즐기던 친구들은 보이지 않는데, 여기에서 남 시인의 시적 표현이 매우 아름답다. 즉 한 해 한 해 살아가는 삶을 아카시아 잎으로 보며 하나씩 떼며 '걸어온 지천명의 세월' 을 나타내고 있다. 그뿐만 아니라 그 옛날 「고향 마을 등나무에서」나 「연잎」에서 동심으로 돌아가고 싶은 마음이 발견된다.

짙은 초록은
하늘 향해 두 손 벌린다.

비, 이슬 다 받아도

채워지면 비워내고 또 비워내고

품지 않는 연잎 보면
쌓기만 하고 가지려는 내 허상이 부끄럽다

이슬 한 방울조차 모으지 못하는
동심으로 돌아가고 싶다.

– 「연잎」의 전문

지금까지 살아오면서 안정된 생활에서 가질 것 다 가져보며 사는 것이 참다운 행복이라고 흔히들 생각하고 있으나 남경숙 시인의 작품 「연잎」을 볼 때 "품지 않는 연잎 보면/ 쌓기만 하고 가지려는 내 허상이 부끄럽다"고 고백하고 어릴 적 순진난만하게 뛰어 놀던 그 깨끗한 "동심으로 돌아가고 싶다."고 했다. 그래서 다시 올 인생의 봄을 기다리는 시인의 마음은 「들국화」, 「영산홍」의 시詩에서 묻어나고 있다.

때로는 살아가면서 「행운목」의 향내처럼 집안 가득히 시인의 아름다운 향내를 채우고 싶고, 벚꽃 흩날리는 벚꽃 길에서 혼자 걸어가면서 쉴 수 있는 삶의 환희를 느끼는 심정을 「꽃그늘 아래」에서 표출하고 있다.

특히 남 시인의 시詩에서는 자신이 겪어온 경험을 자주 시詩 속에서 나타나는 것이 많기 때문에 그 시가 작가의 자화상인 것처럼 인식되기도 한다. 물론 다 그런 것은 아니지만. 그 소재가 꽃으로 삼는 경우가 많다. 여성으로 태어나서 늘 아름다움을 추구하며 살아온 나날들, 지금 나이가 들어 자식들조차 집을 훌쩍 떠나버리는 상태에서 시인이라면 고독 속에서 과거의 사연들을 되뇌어 보기도 한다. 그 추억들이 어떤 사랑에만 국한되는 것이 아니고, 평소 마음속에 간직하였던 모든 일이 여기에 속할 것이다. 벌써 서쪽에 해는 기우는데 삶의 현장마다 "새겨두었던 사연일랑/ 전하지 못하고/ 차가운 바람에 흩날리는/ 노란 잎이 애처롭"기 까지 한 시인의 마음이 「노란 은행잎」에서 잘 나타내어주고 있다. 이렇게 못다 한 사연이 그리움이 되고, 후회되어 고독을 물들이는 것을 「이팝나무」나 「늦 동백의 오열」에서 느낄 수가 있다. 「벚꽃」이 흩날리는 것을 때로는 사랑하는 사람을 찾아 정처 없이 바람이 부는 대로 나서는 마음을 표출해보기도 하고 이제 자신이 「겨울로 가는 나무」처럼 황혼으로 흘러가야 하는 운명에 처한다 해도 「줄장미」와 「상사화」에서 그리움과 기다림을 놓지 않는 시인의 마음을 유추할 수 있다.

「제3장 삶의 여백」은 남경숙 시인의 시집 『그대와 함께』에서 가장 핵심이 되는 부분이라고 생각된다. 인생의 삶 속에 녹아 있는 근본적인 진실 또는 여러 가지 사건을 이미지화 하여 자신의 정서적 사유思惟를 도출하고 있다.

자신도 모르게 지나가는 빠른 삶을 「롤러코스터」, 「노을은 지는데」, 「노천 온천」, 「옛 친구」 등에서 시인이 세월을 투시하여 보는 감각을 엿볼 수 있으며, 진실한 삶을 음미하는 데는 「노숙자」, 「불꽃축제」, 「흙 속의 진주」, 「안타까움」, 「아쉬움」, 「소나기 마을」 등에서 발견할 수 있다. 특히 「노숙자」에서 남경숙 시인은 내부성찰의 마음으로 "부유한 노숙자"에 대한 깨달음을 던져주고 있다.

공원에
낙엽보다 더 초라한 노숙자들이
잠을 자고 있다

차가운 땅바닥에
주린 배 움켜쥔 체
신문지 한 장이 이불이다.

수 겹의 담요를 덮고
호화로운 침대에 잠을 자도
오히려 괴로운 부유한 노숙자

육신은 편해도
마음의 노숙자들
부끄럽지 않을까

깨고 나면 차가운 바람은
신문지마저 거둬가 버리는데
더덕더덕 붙어있는 뱃가죽에 더러운 기름을

무엇이 거둬갈까

차가운 땅바닥에 누운 노숙자
잘못 만난 세월밖에
무슨 죄 있으랴

내 마음 아는지 모르는지
휑한 바람만
노숙자의 신문지를 거둬가 버린다

– 「노숙자」의 전문

시인이 가지는 감성이 고도로 승화될 때 훌륭한 시가 탄생하는 것이다. 그래서 시인은 영원한 신神의 실존實存과 더불어 개인의 존재存在를 확인하려 하는 노력을 기울이게 된다. 비록 시인이 처해있는 현실이 실제이든 비현실적이든 간에 그 시대를 부정할 수는 없다. 그러므로 남경숙 시인은 사회에 대한 바른 생각, 또는 사회에 대한 자신의 사명감을 가지고 시적 참여를 하게 된다. "// 차가운 땅바닥에/ 주린 배 움켜쥔 체/ 신문지 한 장이 이불이다.// 수 겹의 담요를 덮고/ 호화로운 침대에 잠을 자도/ 오히려 괴로운, 부유한 노숙자" 일반적으로 경제적인 어려움으로 노숙자가 된 것 보다, 경제적인 풍부함 속에서 노숙자보다 호의호식하면서도 자신이 떳떳지 못할 때 이는 노숙자보다 더한 '괴로운, 부유한 노숙자' 임을 말하고 있다. 이는 순수함을 잃지 않는 성찰省察을 이 사회에 제시하고 있다고 보겠다. 뿐만 아니라, "깨고 나면 차가운 바람은/ 신문지마저 거둬가 버리는데/ 더덕더덕 붙어있는 뱃가죽에 더러운 기름을/ 무엇이 거둬갈까" 이는 현 사회를 비판하며 사회의 문제성을 표출하고 있다.

반면에 남경숙 시인은 삶에 대한 행복을 체험으로 느끼고 있다. 바쁘지 않은 생활에서라도 행복을 느끼고 사는 모습을 「행복지수」, 「고독」, 「광안리의 불빛」, 「추석 이야기」, 「어둠에 피는 꽃」, 「평범한 비밀」, 「의자」, 「노천 온천」, 「역동」, 「후회」, 등에서 평범한 생활에서 행복에 대한 추구함을 느끼게 한다.

남 시인은 많은 세월을 거치면서 삶에 대한 고뇌도 엿볼 수 있다. 행복한 순간도 있었고, 광음光音과 같이 빠른 세월을 느끼기도 하였고, 사회의 그늘진 면도 보아왔다. 이러한 모든 것들이 결국은 아무 쓸데 없음을 한탄하기도 한다.

잔잔한 수면위에
낚싯대를 드리운다

강 건너
반사된 아파트를
낚는 걸까

그칠 줄 모르는
욕심이
낚시꾼의 뒷모습에 붙어 있다.

황금이든
한 마리의 물고기든
무엇을 낚든지

결국은
바다를 다 낚지 못할 진데
빈 망태만 서럽다.

– 「낚시하는 모습」의 전문

「낚시하는 모습」에서 남 시인이 인생을 보는 시적 특징은 허무虛無의 인식認識이다. 시인은 삶의 여정에서 아름다움과 행복, 그리고 아픔까지 다 소화하면서 생生을 잘 조화시켜나가 시적 가치관을 재창출하고 있으나 종국에 가서 허무虛無의 인식認識을 도출해 내고 있다. 행복한 생활의 "잔잔한 수면위에/ 낚싯대를 드리운" 그 낚싯대는 행복을 위한 부富를 건져 올리는 도구며 방법일 것이다. 자신의 분수를 넘어 주위에 비쳐지는 허상의 부富라도 차지하려고 하는 것을 보고 "강 건너/ 반사된 아파트를/ 낚는 걸까"하는 질문과 더불어 그 내면을 관찰하면서, "그칠 줄 모르는/ 욕심이/ 낚시꾼의 뒷모습에 붙어 있"음을 깨닫는다. "황금이든/ 한 마리의 물고기든/ 무엇을 낚든지" 모든 행위가 "결국은/ 바다를 다 낚지 못할 진데/ 빈 망태만 서럽다."는 생의 허무虛無의 인식認識이 내포內包되어 있는 것이다. 이와 비슷한 것이 「못다 핀 사랑」, 「편견」, 「전철 안의 풍경」, 「대룡마을」 등에서도 나타난다.

남 시인은 생활 속에서 병마와 싸우는 이에게 괴로운 일상을 다정하게 위로해주기도 하고 다독여 주기도 하는 마음이 「새옹지마」, 「환자대기실」, 「감기」, 「슬픈 장애」 「좋은 인연」 등에서 잘 나타나고 있다.

남 시인은 때로 옛 친구나 아버지의 그리움들이 추억으로 되살아 나오는 지극히 여성적인 면모가 「첫눈」, 「갈매기」, 「그리움」, 「짝사랑」, 「추억의 노래」, 「노을은 지는데」, 「옛 친구」, 「바람개비」, 「멘토와 멘티」 등에서 보인다. 사실, 시를 분석하고, 시를 해석하며 평론하는 것은 시학의 발전양상을 발견하고 발전시킬지는 모르나, 시인의 진정한 의미는 시詩를 통해서 서로를 이해하고, 자연을 이해하고, 그 진리와의 서로 소통疏通하며, 인간과 인간 사이에 진정한 소통疏通을 하는 것이 시詩를 짓는 사람의 마음이라고 할 수 있겠다. 무한한 인내심으로 「무성無聲의 해결解決」을 거쳐, 「다시 새해 아침에」 새로운 계획으로 살아가는 시인의 모습에서 진정 시인의 겸손한 마음을 「우리는 시인」, 「서툰 생각」에서 유추할 수 있다.

『제4장 산을 넘고 강을 건너』는 남 시인의 가정생활에서부터 젊음의 꽃을 피우고, 인생의 진정한 삶의 의미를 느끼며, “산을 넘고 강을 건너” 면 이국땅이나 국내의 여러 곳을 둘러보며 깨닫는 인생의 여정의 시편들이라고 생각된다.

모든 인간은 여행자이기 때문에 우리는 아무리 발버둥치고 그냥 있으려 해도 종국에는 떠나야 한다. 완전히 이 세상을 떠나기 전에 우리는 떠나는 연습을 많이 해야 하는가 보다. 그래서 자신이 살고 있던 곳을 떠나 배회徘徊하기도 하고, 멀리 떠나 풍습과 환경이 다른 곳까지 가서 많은 것을 깨닫고 돌아온다. 그럴 때마다 내가 살던 고향이나 나의 익숙한 환경으로 회귀回歸하는 본성을 가지고 있기 때문이다. 먼저 남 시인이 여행한 곳을 국내와 국외로 분리하여 보았다. 국내를 여행하면서 쓴 시편들은 「독도 사랑」, 「육 여사 생가」, 「가을 산행」, 「가을 나들이」 「태백」, 「오륙도 산책길」, 「외로운 묘역」, 「순천만의 석양」, 「공룡발자국」, 「반월성에서」, 「선덕 왕릉」, 「미사리 카페」 등이 있다. 여기에서 특히 남 시인의 「독도 사랑」을 살펴보도록 하겠다.

동해의 푸른 물결에다
산수화를 그려놓은
우리의 외딴 섬 울릉도

대한의 정기를 밝히는
촛대바위 앞에서 맛보는

회며, 사과는 신선들의 음식

저 너머
야욕의 좀비들의 울부짖는 소리를 막으려
아름다운 독도를 향한다.

흔들리는 배
멀미난 육체로
발길을 그곳에 옮길 수 없어

빈 가슴 채우지 못하고
돌아왔건만
아직도 내 마음에 살고 있는 독도

외롭게 서 있는 작은 섬
영원히 겨레의 사랑으로
너를 바라보고 있음이여!

– 「독도 사랑」의 전문

남경숙 시인의 삶의 여정을 다 알기는 어렵지만, 시인의 여행 길에서 특히 국내 독도에 가고 싶은 마음은 아름다운 섬에 대한 애착보다 오히려 우리의 땅인 독도를 한 번 더 확인하려 가는 목적이 서려 있었을 것이다. "저 너머/ 야욕의 좀비들의 울부짖는 소리를 막으려/ 아름다운 독도를 향한다."에서 암시적으로 나타나 있듯이 일본의 '좀비들' 이 우리의 독도를 빼앗으려는 그 나쁜 '야욕을 '막으려' 는 심정으로 독도를 방문하고자 하였다. 그렇지만 기상조건이 그 당시 매우 나빴던 것 같다. "흔들리는 배/ 멀미난 육체로/ 발길을 그곳에 옮길 수 없어// 빈 가슴 채우지 못하고/ 돌아왔건만/ 아직도 내 마음에 살고 있는 독도"라고 시인은 안타까운 심경을 토로하고 있다. 그래서 그 섬은 분명 한국의 땅이기에 "외롭게 서 있는 작은 섬/ 영원히 겨레의 사랑으로/ 너를 바라보고 있음이여!"라고 고백하고 있다.

남경숙 시인의 외국여행에 대한 작품은 「발 마사지」, 「캄보디아 아이들」, 「필리핀의 슬픔 1」, 「필리핀의 슬픔 2」, 「보라카이 해변에 두고 온 마음」, 등이 있다. 이 중에서 「필리핀의 슬픔 1」과 「보라카이 해변에 두고 온 마음」에 대한 시인의 여행자로서의 삶이 묻어나고 있다.

따알 화산의 분화구 찾아
조랑말의 행렬이
수백 미터의 가파른 길을 오른다

관광 온 들뜬 마음과
헉헉대는 말의 울음이
허공에서 부딪친다

동물의 고통도
인간과 다르지 않을 텐데
내 어찌 말 잔등을 칠 수 있으랴

힘없는 손으로

다음 생을 빌어주며
안장에서 내린다

– 「필리핀의 슬픔 1」의 전문

여행의 여러 모습에서 슬픔을 전제로 한다. 시인은 여행의 목적지에 다다르기 위해서는 '조랑말'을 타야 했다.(제1연에서) 조랑말은 분화구를 향하여 가는데 주인에게 절대적으로 복종하는 마음으로 헉헉대며 오르고 있다. 남 시인 자신의 '들뜬 마음'과는 달리 조랑말의 '헉헉대는 울음'(제2연)을 들을 수 있었다. '들뜬 마음'은 현재의 자신을 비춰주지만 '조랑말'의 '고통'(제3연)이라는 통로를 통하여 자신의 반성과 종교적인 정신에(제4연) 귀착歸着됨을 알 수 있다. 동물이 가지는 말 못하는 하나의 고통이라도 들어주려 "힘없는 손으로/ 다음 생을 빌어주며/ 안장에서 내"리는 시인은 대단한 불심佛心 세계의 면모를 가지고 있다고 하겠다.

또한, 이와 달리 남경숙 시인의 폭 넓은 생활의 이미지를 찾을 수 있다. 시인의 여행에서 고통도 보고 느꼈지만 그 후에 자기 자신을 돌아보고 자신의 여유 있는 삶을 즐기는 면도 보인다.

내 마음 비추어 볼 수 있는
하얗게 빛나는 아름다운 해변
이보다 더 맑고 깨끗할 수 있을까

세일링 보트에 누워
눈부신 석양을 향해 달리는 황홀감
그대로 간직하고 싶은 충동
이보다 더 무엇으로 가슴을 채울 수 있을까

꽃잎과 아로마 향이 가득한 욕조에
여행의 피로한 몸 담그며
부드럽게 온몸을 마사지 해주는데
이보다 더 편안할 수 있을까

머무를 때 보다 떠나온 지금
더 그리운 것은
내 마음 그곳에
남겨두고 온 것일까

먼 후일 그리워할 이 세상
아름다움만 만들다
떠나고 싶다

– 「보라카이 해변에 두고 온 마음」의 전문

남 시인이 일상생활을 벗어나 보라카이 해변에서 가지는 여유로움은 황홀경에까지 이른다. "세일링 보트에 누워/ 눈부신 석양을 향해 달리는 황홀감"은 여태까지 달려온 삶에서 황혼이 다가오는 삶의 여유로움과 황홀감을 느끼는 것과 무엇이 다르겠는가? 이 '황홀감'을 "그대로 간직하고 싶은 충동"을 느끼기에 시인은 "이보다 더 무엇으로 가슴을 채울 수 있을까"라고 독백하는 것이다. “꽃향기 가득한 욕조”는 문득 가정에서 피로함을 녹이는 것과 같은 이미지를 주고 있다. 그런데 다시 여행에서 돌아와 추억을 되씹는 장면은 “더 그리운 것은/ 내 마음 그곳에/ 남겨두고 온 것일까”라는 시인의 여행을 다시 동경憧憬한 것이리라. 그러므로 시인이 마지막 순간까지 이 세상의 아름다움을 위하여 자신도 “아름다움만 만들다/ 떠나고 싶다”고 했다. 이러한 마음은 독자에게 시사示唆하는 바가 크다고 하겠다.

『제5장 무아無我의 동경憧憬』에서는 새해를 맞이하기 전에 「한 해를 보내면서」 모든 욕심을 털어내고 새해의 「해돋이」(해돋이 1, 2)에 참석하여 많은 사람들 속에서 함께 소원을 빈다. 때로는 「보리암에서」 “참선의 세계로 입문”하기도 하고, 부처님 오신 날 「연등」을 보고 불심을 태우며 함께 “모두가 베풀며/ 나누며 살라고”하는 “고승의 설법”을 듣기도 한다. 이러한 것을 볼 때 남 시인은 불교에 심취되어 있음을 부정할 수 없다. 자연의 사물을 눈으로 보는 남 시인은 「우담바라優曇婆羅」가 3천년 만에 피는 불교 경전의 상상의 꽃이든, 현대과학에서 밝혀낸 풀잠자리가 날아와서 낳은 알이든 간에, 개의치 않고 불심을 공고히 하고 있다. 시인이 먹고 있는 절의 음식조차도 정성스럽게 만든 불자들의 “손길이/ 폐부까지 다다르는/ 불자의 손길”을 감사하게 생각하고 있다.

그리고 남 시인은 빈 항아리를 대할 때도 욕심으로 채우는 세속世俗의 중생衆生보다 공허한 아름다움으로 자신을 채우려 한다. 남 시인은 한 사람의 문인文人으로서 문인들의 「서운암의 꽃 축제」에 참석하면서 피어 있는 들꽃 사이에서 펼쳐지는 시극詩劇을 즐기기도 한다.

그리고 남경숙 시인은 깊은 불심에서 형식적인 기도보다 진심에 우러나는 기도, 즉 욕심 없는 기도를 원하고 있다.

못 깨달은 불심은
나만을 위해서 기도한다.
구걸기도이다

맑은소리 범종은
남을 위한 울림인데
월호 스님도 중생의 욕심을
타이르는 설법을 한다.

사바세계는 전생의 업業인 데도
닦을 도道는 멀리 가고
욕심으로 보채기만 하는 중생

법문은 들을 때만 느끼고
내일이면 또 달라고 보채기만 하는
중생의 기도

휑하니 부는 바람에
흔들리는 내 마음

어찌하면 바로 설까 기도하기 두렵다.

– 「구걸의 기도」의 전문

남 시인의 깨달음은 나만을 위한 기도祈禱가 진정한 기도祈禱가 아님에 있다. "못 깨달은 불심은/ 나만을 위해서 기도한다."라고 하면서 이것이 "구걸기도"라고 정의하듯 말하고 있다. 산사에 울려 퍼지는 "맑은소리 범종은/ 남을 위한 울림"이며 "월호스님"의 법문을 이야기한다. 불자가 지향하는 정신의 행보行步에서 갈구渴求하는 가치관은 남을 위한 기도일 것이다. 월호스님의 예를 들면 그가 쓴 「언젠가 이 세상에 없을 당신을 사랑합니다」라는 글 가운데 "가피加被란 말 그대로 더함을 입는다는 의미이지요. 이것을 단순히 소원을 비는 것이 아닙니다, ·········〈중략〉········· 능동적인 원을 세우되, '~해주십시오.' 하는 식의 구걸형이 아니고, '~하겠습니다.' 하는 식의 발원형이 되어야 합니다 ·········〈중략〉········· 하지만, 언제까지 해달라고 빌기만 할 것입니까? 이것은 어린 마음이며 종의 마음입니다. 주인의 마음가짐이 아닙니다. 일시적인 편안함으로 인하여 종노릇에 안주해서는 안 되는 것입니다."라는 말이 생각하게 한다. 그래서 남 시인은 다시 "닦을 도道는 멀리 가고/ 욕심으로 보채기만 하는 중생"이라고 깨닫지 못함을 하소연하고 "내일이면 또 달라고 보채기만 하는/ 중생의 기도"에 대한 자신의 "흔들리는" 마음을 읊조리고 있다.

작아서 아름답고
작아서 욕심 없다

남한강과 북한강이 만나서
대웅전 앞뜰을 만드는데
수종사의 목어는 강 속에서 헤엄친다.

양수리 물가에 앉아있는
산은
나와 함께 차 한 잔 마시며 세월을 센다

수종사의 목탁소리에
흰 구름은 서쪽 하늘로 흐르고
맑은 새소리가 나의 시심을 깨운다

— 「수종사」의 전문

남 시인은 결국, 그 불심을 시詩로써 승화昇華시킴을 볼 수 있다. 남 시인의 시적 인생관은 불심과 욕심 없는 공허空虛에서 승화昇華 되는 듯하다. 무엇이든지 큰 것을 추구하는 일반적인 사람들의 생각과는 달리 "작아서 아름답고/작아서 욕심 없다"라고 한다. 작아도 욕심이 많은 것이 중생衆生인데, 여기에서 수종사는 부도가 조성된 1439년(세종 21년)으로 추정하고 있는데 남한강과 북한강이 만나는 양수리가 한눈에 들어오며 운길산 중턱에 자리한 오래된 사찰이며 그 규모는 그리 크지 않는 사찰이다. 그래서 시인은 앞에 정원처럼 흐르는 강을 보면서

"수종사의 목어"가 마치 "강 속에서 헤엄치"는 모습. 즉 산천과 강과 사찰의 조화를 절묘하게 묘사하였다. 사찰을 끼고 있는 사찰에서 남 시인은 "양수리 물가에 앉아 있는/ 산은/ 나와 함께 차 한 잔 마시며 세월을 센다."라는 의미意味 있고 평정平靜된 내면內面을 볼 수 있다. 그런데도 시인은 그 시심을 끝까지 잃지 않는다. 마지막 연에 보면 "수종사의 목탁소리에/ 흰 구름은 서쪽 하늘로 흐르고/ 맑은 새소리가 나의 시심을 깨운다."라고 했다. 과연 어떤 곳에서든지 시심詩心으로 승화昇華시키는 불자佛者의 마음이 작은 것이 아니라 아주 크게 보인다.

끝으로 남경숙 시인의 첫 시집 그대와 함께는 그 제목부터가 낭만적이다. 전체 시의 흐름은 매우 읽기가 쉽다. 여성 시인으로 아름다운 마음을 한껏 노래한 것 같다. 앞으로 더욱더 매진하여 시詩 속의 더욱더 풍부한 삶의 의식意識, 관조觀照, 내지는 철학적인 요소가 풍부하게 깃들기를 바란다. 영국의 낭만주의 시인 윌리엄 워즈워스(William Wordsworth, 1770년~1850년)는 짧고 아름다운 시에서부터 길고 복잡한 시에 이르기까지 다양한 종류의 시詩들을 썼고 그만의 뚜렷한 낭만적인 시詩를 정립한 시인이다. 이처럼 남경숙 시인도 현대 감각에 맞는 많은 서정적 시詩로서 인생을 노래할 수 있기를 바라고 한국 시문학의 큰 역할役割을 하기를 기대期待한다.

두손푸름시인선49

남경숙 시집

그대와 함께

인쇄일 | 2012년 9월 25일
발행일 | 2012년 10월 1일
지은이 | 남경숙
펴낸이 | 최장락
펴낸곳 | 도서출판 두손컴
주 소 | 부산광역시 부산진구 부전로 35 삼성빌딩 301호(부전2동)
전화 : (051)805-8002 팩스 : (051)805-8045
이메일 : doosoncomm@daum.net
출판등록 제329-1997-13호

값 10,000원

ISBN 978-89-97083-43-5-03810